AF322039

E. 992.
c.

2 g 23

4790

DE LA BALANCE

DU GOUVERNEMENT

ET

DE LA LÉGISLATURE,

Et de ses moyens d'Equilibre, dans l'état actuel des choses.

Par Eusebe Salverte.

« . . . . *Societas nostra lapidum fornicationi*
» *simillima est, quae casura nisi invicem*
» *obstarent, hoc ipso continetur.* »
(Senec

À PARIS,

Chez DESENNE, Libraire, Palais-Egalité,
Nos. 1 et 2.

Et chez tous les Marchands de Nouveautés.

An 6 de la Rép. fr.

J'OFFRE un aperçu très-court sur un sujet qui
peut fournir plus d'un volume ; mais j'ai pensé
que l'expérience de neuf années de révolution
devoit suppléer à bien des lectures.

Mon dessein , d'ailleurs , n'est d'instruire per-
sonne. Je soumets aux penseurs des idées sûrement incomplètes , mais dont quelques - unes
peuvent être nouvelles : il me suffit d'éveiller
leur attention , en leur exposant mes doutes ;
c'est à eux qu'il appartient de découvrir la vérité.

« *Ut potero explicabo. Nec tamen , ut Pythius*
» *Apollo , certa ut sint et fixa quae dixerim.* »

(Cic. Tuscul. Quaest. lib. I.)

DE LA BALANCE

DU GOUVERNEMENT

ET

DE LA LÉGISLATURE,

Et de ses moyens d'Equilibre, dans l'état actuel des choses.

PREMIÈRE PARTIE.

1. LE principe le plus simple dans l'énoncé, se complique dès qu'on veut passer de la théorie à l'application ; fait général, et qui devroit diminuer notre confiance extrême dans nos axiômes politiques.

Cette différence devient sensible, lorsqu'on discute les rapports qui existent entre le gouvernement et la législature.

Il est facile de dire : La puissance qui fait

les lois, et celle qui les exécute, doivent être absolument séparées ; la réunion de ces pouvoirs opère le despotisme.

Il est un peu moins aisé de poser bien les bornes de cette séparation.

On aperçoit d'abord que la puissance qui exécute les lois est la seule qui puisse toujours juger de la possibilité de leur exécution, des inconvéniens et des avantages qu'elle entraînera.

On se rappelle aussi que, dans les républiques anciennes, où l'on raisonnoit peut-être médiocrement, mais où sûrement on pratiquoit très-bien les vrais principes de la liberté, la puissance exécutive n'étoit jamais étrangère à la législation ; soit qu'elle exerçât son influence par des moyens directs et constitutionnels, soit qu'elle employât, avec l'autorisation de la loi, des ressorts indirects et secondaires, tels que les prestiges de la religion nationale, la conservation des formes et des traditions antiques, etc.

Les idées étoient, sur ce point, si fortement prononcées, que le pouvoir judiciaire, regardé alors comme faisant partie du pouvoir exécutif, se cumuloit facilement avec lui et avec l'influence législative : c'est une chose reconnue de quiconque se rappelle quelles étoient la puissance et les fonctions du sénat de Rome.

II. Enfin, en remontant au principe des choses, à la perfection idéale, sur laquelle on doit modeler toutes les perfections-pratiques, si l'on suppose une société assez éclairée, assez peu nombreuse, pour que le peuple ne délègue aucun de ses droits, il est évident que les mêmes hommes y seroient législateurs, juges et gouvernans.

C'est ce qui, dans les démocraties anciennes, avoit lieu, au moins pour quelques objets importans. Le peuple d'Athènes et celui de Rome jugeoient les procès de *lèze-nation*, ordonnoient les armemens, décidoient de la paix et de la guerre, sur la même place, et quelquefois dans les mêmes assemblées où ils décrétoient des lois, et choisissoient leurs fonctionnaires.

Voici donc une raison déduite *à priori*, et plus forte que celle précédemment alléguée, pour que le gouvernement ait part à la législation.

En effet, la volonté générale ne doit pas moins être *une* dans les actes administratifs, que dans les actes de législation ; et cette unité n'existera pas facilement entre deux pouvoirs absolument isolés.

Ajoutez que telle est l'obscuriré de nos perceptions, que les limites de ces deux pouvoirs sont placées dans le vague ; qu'en des cas très-nombreux, on ne peut distinguer si un acte est administratif ou législatif, et qu'il est aussi difficile d'empêcher qu'un pouvoir n'empiète sur l'autre, que de décider si cet empiètement a eu lieu, et de quelle part.

On a dit comment ces difficultés étoient éludées dans les républiques anciennes. Le législateur aimoit mieux courir le risque de voir le même acte réclamé par deux autorités, que de perdre cette précieuse unité de volontés ; et, en cela, il préféroit l'utilité majeure, et non apparente, à l'inconvénient évident et léger ; secret peu connu de nos jours.

III. Quelles ont été, sur ce point, les institutions modernes ? J'en distingue deux espèces : les unes s'éloignent, les autres se rapprochent des institutions anciennes.

1°. Tout le monde connoît l'influence qu'en Angleterre, le roi exerce sur la législation ; on sait même que souvent il renforce cette influence constitutionnelle, en achetant la majorité de la législature. L'on a droit d'être surpris qu'une telle prépondérance ministérielle n'ait pas nui davantage à la prospérité de cet Etat, au moins jusqu'à ces derniers temps; et même il faut avouer que la guerre contre la France étoit encore une spéculation machiavélique assez bien calculée, puisque rien ne pouvoit faire prévoir les miracles qu'a enfantés, parmi nous, l'amour de la liberté.

Les constitutions de la plupart des Etats américains ont été modelées sur celle d'Angleterre, et le président est, relativement à l'influence négative qu'il exerce dans la législation, un roi temporaire.

2°. Dans la république de Pologne, les nobles (qui seuls avoient droit de cité) étoient tout, et le roi rien : c'étoit, sous ce point de vue, une véritable démocratie grecque.

Les républiques démocratiques de Suisse se rapprochent de cette forme ; on peut même y ramener les républiques aristocratiques de Suisse et d'Italie, si on les regarde comme composées uniquement (ainsi qu'elles l'étoient de fait) des nobles ou bourgeois ayant droit de voter dans les assemblées du souverain.

IV. L'opinion générale et l'expérience prouvent que, pour notre temps et nos mœurs, le premier genre d'institutions vaut mieux que le second. D'où provient cette différence ?

Le premier besoin de l'homme, dans les républiques anciennes, étoit la *liberté politique* ; chez les hommes de notre âge, c'est la *liberté civile.*

Ce changement est le produit d'une civilisation, sinon plus perfectionnée, du moins plus étendue, plus raffinée. Le citoyen autrefois ne craignoit pas de perdre sa liberté personnelle ; les mœurs étoient trop simples. Ce que nous appelons *grande police* étoit vraiment inconnu dans Rome et dans la Grèce ; aujourd'hui, sans l'action continue de cette police, la société ne subsisteroit pas.

Voilà pourquoi les constitutions anciennes tendoient à la démocratie absolue, et pourquoi les constitutions les plus modernes sont et doivent être représentatives ; voilà pourquoi, dans les unes, le pouvoir judiciaire s'unissoit souvent au législatif et à l'exécutif, et pourquoi, dans les autres, il en est, et doit en être soigneusement séparé.

Voilà pourquoi les institutions modernes qui se rapprochent le plus de celles des anciens, en ont tous les inconvéniens, sans aucun des avantages. Le noble polonais ne pouvait guères craindre d'être arrêté arbitrairement. Ce corps social devoit donc, avant tout, tendre à la liberté politique. Sa constitution se ressentoit de cette tendance ; le gouvernement y étoit absolument subordonné à la législation. Placée au milieu de peuples non libres, et graduellement plus civilisés, la Pologne s'est enfin trouvée, par sa constitution, en contradiction avec les mœurs générales de ce siècle. Cela explique son ancienne splendeur, sa durée, sa décadence et sa chûte.

Le citoyen d'Appenzel, le noble de Berne et de Venise vouloient sur-tout la liberté politique, parce qu'ils avoient peu à craindre de perdre la liberté civile. Delà, la forme et les défauts de leur pacte social ; mais les uns étoient préservés par la confédération helvétique ; les autres par la jalousie de plus grands états.

V. Par-tout où le peuple veut par lui-même, les actes du souverains sont mélangés de caprices aussi nombreux que la multitude, et l'individu est exposé à souffrir des actes arbitraires ; par-tout où la volonté générale est représentée, comme on ne représente que la volonté constante du corps social, et non les caprices des sociétaires, l'individu ne craint que la loi, c'est-à-dire, qu'il possède le plus haut degré de liberté civile.

La forme la mieux appropriée aux mœurs actuelles de l'Europe est donc celle de la législation représentative, puisqu'elle conserve le mieux la liberté civile, aux dépens peut-être d'une portion de liberté politique.

C'est sur ce point seulement qu'il convient de s'éloigner des institutions anciennes : l'étendue de nos états et le caractère qu'ont pris nos mœurs, le prescrivent également ; mais il importe de s'en rapprocher pour les rapports de la législature et du gouvernement.

Les exemples cités prouvent que les états dans lesquels le gouvernement est ou confondu avec la législation, ou sans influence sur elle, se rapprochent d'une forme de démocratie pure, qui ne peut convenir qu'à des sociétés idéales. Un gouvernement organisé de manière à éviter ces deux écueils est donc le plus propre à atteindre le but proposé.

Les mêmes faits semblent indiquer que l'influence du gouvernement sur la législation doit être négative. La théorie d'ailleurs montre, dans une influence positive, l'infaillible germe d'une usurpation rapide. Le gouvernement ne voudroit bientôt plus de lois que celles qu'il auroit proposées, et l'existence du corps législatif deviendroit illusoire.

VI. Comment ces idées ont-elles été mises en œuvre dans notre patrie ?

Il a été impossible de juger le *véto* royal de la constitution de 1791. Les manœuvres liberticides de la cour, la défiance qui, d'avance, avoit flétri toutes ses démarches, la force des choses qui, comme un torrent, entraînoit la France vers l'état républicain, tout s'est uni pour ne pas laisser à cette constitution un moment de véritable existence qui permît d'en apprécier les ressorts.

La constitution de 1793 n'a existé que sur le papier. Elle n'attribuoit au corps gouvernant aucune influence sur la législation ; au contraire, elle donnoit aux administrations élues par le peuple, à l'assemblée nationale, et sur-tout au peuple réuni en assemblées primaires, une immense influence sur le gouvernement. C'étoit plus que l'inverse du principe, puisque les pouvoirs n'étoient point alliés, que l'exécutif se trouvoit dans une infériorité qui l'anéantissoit.

La convention nationale, réunissant la plénitude de tous les pouvoirs, offroit vraiment l'image d'une démocratie pure, réduite à la forme représentative. Peu de personnes ont pu, d'après cet exemple, apprécier les effets d'un pareil gouvernement. Indépendamment de l'influence qu'exercent toujours nos passions sur de semblables jugemens, il est difficile de soustraire la part des événemens révolutionnaires, et de déterminer ce que seroit, dans un temps ordinaire, un peuple qui, par des élections libres, se livreroit à un corps absolu, mais périodiquement renouvelé.

Il faut avouer que jusques après le 31 *mai*, et depuis le 9 *thermidor*, notre liberté politique a, *de droit*, été très-grande, et même trop grande ; en revanche, notre liberté civile n'avoit plus aucune garantie.

Que l'on suive l'existence du *conseil exécutif*, depuis sa création au 10 *août*, jusqu'à l'instant de sa suppression, on verra qu'il a constamment été dans la position du gouvernement institué par la constitution de 1793. Aussi ne tarda-t-on pas à reconnoître son inutilité. Il en arrivera de même, dans quelque état de choses que ce soit, dès que le gouvernement sera subordonné ; mais, comme nous l'allons voir tout-à-l'heure, il est subordonné *de fait*, sinon *de droit*, à la législature, dès qu'il en est absolument isolé.

VII. Les rédacteurs de notre constitution avoient vu tous ces faits. Ils avoient vu aussi le gouvernement conventionnel faible, impuissant, mal respecté, mal éclairé, mal obéi, dès qu'il avoit cessé d'être tyrannique.

Ils résolurent en conséquence de créer un gouvernement ferme, puissant, capable, dès les premiers jours de son existence, de résister aux secousses, aux tiraillemens, aux efforts des partis, aux erreurs même, et aux fautes des divers fonctionnaires de la république. Cette conception étoit saine ; ils ne l'exécutèrent que partiellement.

Le despotisme *du comité Robespierre* étoit encore présent à leur mémoire ; ils ne virent pas que ce despotisme n'avoit existé que parce que le gouvernement avoit été subordonné à la législation. En effet, la convention n'étoit censée gouverner, le comité ne gouvernoit qu'au nom de la puissance législative : c'étoit donc celle-ci qui avoit envahi l'autre.

Par un singulier renversement d'idées, on craignit une usurpation dans le sens contraire, si la puissance exécutive n'étoit séparée de la législative par un mur d'airain : ainsi le gouvernement se trouva constitué, d'après deux pensées contradictoires dans leur résultat ; trop fort à la fois et trop foible ; trop fort dans ses propres moyens d'actions , trop foible dans ses rapports avec la législature ; pouvant agir soudainement contre celle-ci , pouvant être graduellement paralysé par elle (1).

Le droit accordé au directoire de provoquer, par un message , une mesure législative, n'est rien , ou devient une initiative dangereuse.

____

(1) " Il en sera, il le faut croire, proposé et sans doute " adopté quelques-unes (*des lois*) impossibles dans l'exécu- " tion. Les premiers à s'en apercevoir seront ceux à qui la " commission sera donnée de faire marcher la grande ma- " chine politique. Je proposerois donc , avant d'envoyer les " propositions adoptées par le conseil des cinq-cents à l'exa- " men du conseil des vieillards , de les communiquer au di- " rectoire exécutif , qui s'expliqueroit sur la possibilité " d'exécuter la loi , sans ouvrir aucune opinion sur le fond " de la loi. ".

C'est ainsi que s'exprimoit le représentant du peuple *Lebreton* (aujourd'hui membre du conseil des anciens) , en tête d'*idées constitutionnelles* , dont il déclaroit n'être que l'éditeur. Son idée étoit bonne ; on n'y fit aucune attention , et rien de plus naturel. Celui qui la mettoit en avant n'étoit ni un ambitieux , ni un factieux. Il n'étoit connu dans le corps législatif que par un patriotisme , une probité et un courage à l'épreuve , et par des travaux utiles et assidus dans un obscur comité. Ce n'est pas comme cela qu'on devient un homme marquant.

Le droit de destituer les fonctionnaires nom-
més par le peuple, et de les remplacer, seroit
beaucoup, si, sur tous les points de la république, le directoire avoit des connoissances
locales des hommes et des choses ; mais, sur
ce point, l'avantage est pour le corps législatif, composé de députations prises dans tous
les départemens, et sans cesse correspondantes
avec leurs commettans. Leur influence est in-
calculable sur un gouvernement presque toujours forcé de recourir à elles pour obtenir
des renseignemens vraisemblables.

VIII. Je crois avoir prouvé, non par des
raisonnemens abstraits, mais par des faits, que
l'influence du gouvernement sur la législation
est indispensable au maintien de la liberté,
chez un peuple dont le premier désir et le
premier besoin est d'être gouverné. J'ajoute
une considération générale.

On se représente le pouvoir exécutif et le
pouvoir législatif comme deux rivaux qui tendent sans cesse à s'entre-détruire. Le vrai
moyen de les rendre tels, c'est de les isoler :
la constitution de 1791, dans un sens, et celle
de 1793, dans l'autre, ne peuvent prouver
contre cette assertion.

L'erreur commune vient de l'équivoque des

mots *contrepoids* , *balance* , *équilibre*. On y attache l'idée de deux poids égaux qui s'arrêtent mutuellement : dès - lors , il y auroit repos éternel , et nullité d'action. Il faut y voir , au contraire , deux forces pareilles qui tendent vers le même but : pour que leur direction commune soit constante , il ne suffit pas qu'elles exercent leur action dans des lignes parallèles ; il faut encore que l'une n'entraîne pas l'autre. Si deux taureaux , couplés au même joug , tirent inégalement , le laboureur s'épuise en vains efforts pour diriger le soc ; le sillon ne sera jamais droit.

Il est dans la nature de celui qui *veut* , de chercher à *faire* ; dans la nature de celui qui *fait* , de chercher à *vouloir*. Voilà donc la *rivalité* : sans doute ; mais la législation ne doit point consacrer cette rivalité ; elle doit au contraire y remédier.

La puissance législative a , pour se défendre et aussi pour attaquer , le brillant attaché à son existence , sa popularité , et sur-tout cette espérance du mieux, qui fait accueillir favorablement ses opérations par le citoyen avide de liberté et de perfectionnement.

Le gouvernement n'a que son action habituelle ; action lente , peu populaire , propre

tout

tout au plus à conserver. Il ne peut en transgresser les bornes, sans s'exposer à une révolution. Pour attaquer, et même pour se défendre, il n'auroit d'armes contre la législature qu'autant que celle - ci lui en fourniroit; car il n'agit qu'en vertu de lois, sur-tout dans les conjonctures que la constitution n'a pu prévoir. À égalité d'ambition, il lui est donc vraiment inférieur en moyens : il lui est subordonné encore, parce que c'est au pouvoir législatif seul qu'il appartient de poser les bornes douteuses qui séparent son autorité de l'autorité exécutive. Il faut donc qu'une part dans la législation rétablisse l'équilibre en faveur du gouvernement : alors on peut, sans danger, affoiblir en ses mains d'autres moyens d'action, dont la mesure sembleroit redoutable.

L'état actuel de l'opinion ne doit point en imposer. A l'époque de l'institution du directoire, la défaveur imprimée par la royauté à la puissance exécutive, subsistoit encore ; on craignoit alors un gouvernement trop fort, aujourd'hui on en craint un trop foible. Ce changement d'idées est la preuve et l'effet des périls attachés à l'impuissance du gouvernement sur la législation. Quand on y aura porté re-

B

mède, le parti de l'opposition se formera naturellement, et naturellement sera investi de
la plus grande popularité : cela ne peut arri-
ver autrement chez un peuple amoureux de sa
liberté ; et c'est un grand bien, dès que le gouvernement est asssez robuste pour le supporter.

IX. On demandera pourquoi je discute aujourd'hui des idées, bonnes tout au plus à
émettre, lorsqu'au terme constitutionnellement
fixé, il sera permis de solliciter, dans notre
pacte social, des changemens, tels que l'expérience les aura indiqués ; je pourrois répondre
qu'il est à propos d'éveiller l'attention long-
temps d'avance, sur une matière aussi grave,
lorsqu'on se croit obligé de combattre des
idées assez généralement reçues.

Mais un motif plus pressant m'anime : à
l'époque du renouvellement du corps législatif, il est important que tous les citoyens, et
sur-tout les représentans du peuple, se pénè-
trent de la nécessité de suppléer, par l'énergie
de l'esprit public, à ce qu'on peut regarder
comme un vide réel dans notre constitution.
Fort des principes généraux que j'ai rapidement
indiqués, je vais discuter avec quelques détails,
et cette nécessité, et les moyens d'atteindre le
but qu'elle prescrit.

SECONDE PARTIE.

X. La mesure certaine de la bonté des institutions politiques, c'est la prospérité du corps social dans chacune de ses parties : la part qu'ont à cette prospérité les talens des hommes en place, est à peu près assez constante pour que l'on puisse, indépendamment d'elle, former un terme commun de perfection relative, suffisant à l'application du principe.

En examinant l'etat de la France à l'intérieur et à l'extérieur, depuis l'institution du gouvernement constitutionnel (*brumaire an VI*), on est frappé de la différence des résultats. Notre progrès, dans les relations extérieures, passe tout ce qu'on avoit droit d'attendre ; et quand nous aurons conquis sur l'Angleterre la paix que ses perfides gouvernans ont si long-temps éloignée de nos bords, il ne nous restera presque de vœux à former, que pour mettre nous-mêmes un terme à notre agrandissement.

L'intérieur de la république ne présente pas un aspect aussi satisfaisant. Il étoit sans doute impossible que tous les fermens révolutionnaires fussent anéantis en un jour. Mais en accordant à leur influence la durée et la latitude inévitables, on est encore forcé de convenir que le progrès vers un ordre meilleur est plus lent que le zèle et les intérêts du directoire ne devoient le faire espérer.

Preuve évidente que le gouvernement est moins bien constitué pour l'intérieur que pour l'extérieur.

Qui peut entraver sa marche ? est-ce, comme certains faits induiroient à le croire, la résistance des administrations nommées par le peuple ? Mais elles sont destituables : et d'ailleurs le directoire ne pouvant connoître personnellement dans la république entière, les fonctionnaires à élire pour le seconder dans les opérations administratives, ce choix, par tous les principes qui peuvent tendre à le rendre meilleur, non moins que par les principes de la liberté politique, appartient à chaque division de citoyens.

Pour juger sainement de la cause du mal, distinguons trois époques : — De l'établissement du directoire, au temps où l'on a commencé à s'agiter pour les élections de l'an V. — Depuis ces élections jusqu'au 18 *fruc-*

tidor — *du 18 fructidor* à l'instant actuel.

XI. On voit., à la première époque, les désordres de l'Ouest appaisés, ceux du Midi considérablement réprimés ; le numéraire succédant sans secousse au papier-monnoie ; la presse libre par-tout sans inconvéniens ; enfin l'oubli partiel du systême funeste des *contrepoids* (1), oubli qui sans périls eût pu être complet. Une prospérité aussi rapide naissait naturellement de l'union fraternelle de la presqu'unanimité du corps législatif et du directoire. On ne demandoit point compte à celui-ci de mesures qui sauvoient la patrie : on n'alléguoit point pour les condamner le danger de l'exemple, parce que les circonstances qui les rendoient indispensables ne pouvoient se renouveler.

Tout change à la seconde époque. Quelques erreurs du gouvernement et du corps législatif, mais sur-tout la malveillance hardie des royalistes, qui croyoient le moment venu pour eux de profiter de la confiance des patriotes, troublent chaque jour d'avantage l'horizon politique. Les ennemis de la constitution détruisent d'abord dans le lointain,

---

(1) Ce mot sera tout-à-l'heure expliqué.

B 3

ensuite graduellement, et de toutes parts les ressorts du pouvoir exécutif; ils s'emparent enfin de la législature, et s'y prononcent nettement, dans l'intention de détruire le directoire.

Et sans cesse ils invoquoient les principes, la justice, l'humanité, comme si tout cela étoit séparable du bonheur du peuple! On peut nier des faits particuliers, discuter ou contredire des pièces; on ne peut répondre à ce fait général : le peuple étoit calme, le gouvernement s'organisoit mieux tous les jours; ces hommes ont paru, et les agitations, les massacres ont recommencé. Ils cherchoient donc à faire une nouvelle révolution : car on ne soupçonnera pas les autorités déjà affermies d'avoir alors conspiré contre elles-mêmes.

L'homme irréfléchi, en comparant à la foiblesse d'action des conspirateurs les moyens du directoire, s'étonne qu'il ait eu besoin du *18 fructidor*, et qu'il ne l'ait pas prévenu long-temps d'avance. Il est pourtant certain qu'il ne le pouvoit pas; que dans cette hasardeuse journée, le succès tint à la fortune et aux qualités des hommes, bien plus qu'à la force des choses ; nouvelle preuve de la trop grande foiblesse du gouvernement, isolé de la puissance législative.

Suppléez par la pensée à ce défaut ; supposez un moment que, dès le principe, le gouvernement eût joui d'une part dans la législation ; repassez ensuite dans votre mémoire tous les germes de destruction qui mirent la république dans un danger si éminent : vous vous convaincrez qu'aucun n'eût existé avec un degré d'énergie redoutable, et que presque tous eussent pu être étouffés dès leur naissance.

Le *18 fructidor* a eu lieu : et aujourd'hui, dans l'an VI, nous sommes réduits à craindre une réaction anarchiste, aussi dangereuse que la réaction royaliste de l'an V ! On peut chercher la cause de cette nouvele tourmente, soit dans une sorte d'isolement inspiré à la législature par une défiance incalculée, soit dans la difficulté qu'elle prenne à côté du directoire l'attitude qu'il lui convient, tant qu'elle n'aura pas été renouvelée par le choix populaire : je crois qu'on la trouvera plutôt dans la persévérance avec laquelle on a suivi jusqu'ici le vicieux système des *contrepoids*.

XII. J'appelle de ce nom la pensée d'après laquelle on n'a pas su encore réprimer les excès d'un parti sans élever immodérément la puissance et les moyens du parti opposé. Si l'on demande comment le directoire a pu s'attacher à ce système, malgré les effets pernicieux qu'il a toujours produits, je réponds qu'étranger à la législation, il a fallu qu'il suppléât à la force intérieure qui lui manquoit, en cherchant à l'extérieur un appui capable de balancer dans le corps législatif et dans toute la république, l'influence des malveillans.

D'ailleurs le directoire, succédant à la convention, et formé, pour ainsi dire, dans son sein, a dû hériter d'elle cette méthode. On peut dire avec vérité qu'elle a pris naissance dans la convention, après le 9 *thermidor*.

Les hommes qui en 1791 l'avoient rêvée un moment, en cherchant à opposer les *feuillans* aux *jacobins*, oublièrent qu'ils étoient à Paris, et non pas à Londres, dans la troisième années de la révolution, et non pas dans le second siècle après l'établissement d'un régime constitutionnel. Aussi leur tentative n'eut d'effet que de précipiter la ruine de la constitution qu'ils vouloient étayer.

La convention, dans ses premiers jours, fut si éloignée de combattre un parti par un autre, que les girondins ne se perdirent que par leur obstination à caresser et à appeler exclusivement du nom de *peuple*, la classe dévouée à Marat et à Robespierre; au lieu de s'unir, par la confiance, des hommes que cette classe poursuivoit aussi, et dont les uns étoient déjà patriotes, les autres, instruits par la nécessité, ne demandoient pas mieux que de le devenir.

Après le 9 *thermidor*, la convention, autorité unique en France, pouvoit, sans autre appui que l'assentiment et les bénédictions universelles, faire tout le bien que réclamoient d'elle la justice et l'humanité. Les fosses qui chaque jour dévoroient cinquante victimes, étoient fermées ; les prisons étoient ouvertes, que l'on n'avoit pas encore l'idée de la *réaction*. Si cet état eût pu continuer, le temps auroit à la longue fermé les blessures du corps politique ; quelques grands actes de justice n'auroient point eu lieu, d'autres auroient eu lieu plus tard ; nous aurions conservé des formes plus âpres, des principes plus durs, une existence plus austère ; nous vivrions dans un état de choses moins approprié à la douceur des mœurs françaises. Mais qu'on auroit épargné de fautes aux uns, de crimes aux autres, de malheurs à tous ; et à la chose publique, de dangers, de secousses, de sang et de désastres !

Les tentatives que firent, pour ressaisir le pouvoir, des hommes qui n'avoient renversé Robespierre qu'afin de devenir ses héritiers, réveillèrent ensemble l'indignation due à leurs forfaits passés, et la crainte de leurs nouveaux forfaits. L'appui que leur prêtoient ces sociétés nombreuses, parvenues, par un progrès inconcevable, à former un Etat dans l'Etat, rendoit les craintes plus vives et mieux fondées. L'enthousiasme devint général, autant qu'irréfléchi. Il ne fut plus question d'attendre rien du temps ; on arma tout contre *la terreur*; tout, et principalement ce formidable désir de vengeance qui couvoit dans le cœur de tous les opprimés ; mais qui n'eût été jamais qu'un désir, éteint bientôt par le laps des ans, si l'on n'en eût encouragé l'explosion.

XIII. C'est de ce moment qu'on a pu juger les effets du système des contrepoids alternatifs.

Dès que vous confiez la chose publique à des hommes, parce qu'ils sont d'un *parti*, vous devez croire que les plus influens d'entr'eux seront ceux qui auront moins de désir du bien général, que de passions particulières au parti qui les élève ; que dès-lors, ils voudront conduire les choses au triomphe absolu de ces passions, c'est-à-dire, à une désorganisation complète. Vous devez croire qu'à leur suite les hommes ordinaires qui, sous un guide raisonnable eussent été raisonnables, confondront l'intérêt public et l'interêt du parti, et sans le savoir, tendront exclusivement vers ce dernier.

Je dirai donc aux citoyens, je dirai au gouvernement : il est indispensable de prévenir toute *réaction*, de renoncer à toute idée de *contrepoids* ; je leur dirai qu'en révolution, le sang est payé par le sang, l'oppression par l'oppression, l'injure par l'injure ; et que celui-là a pourvu le mieux à sa sûreté, qui pouvant exercer une vengeance légitime, s'en abstient. Je leur dirai qu'au sortir d'une révolution, il ne faut pas, dans l'impatience de jouir, dévorer d'avance l'ouvrage de plusieurs années ; qu'il faut savoir supporter le moins bien et attendre le mieux. Je leur dirai : pour jouir d'un état stable, il faut ployer les hommes aux choses, et non pas les choses aux hommes. La constitution est faite pour durer plus que vous, plus que moi, plus que nous tous ;

elle seule doit donc régner, et non pas nos passions individuelles.

J'ai dû m'étendre sur le système des contre-poids, et parce qu'il a causé de grands maux, et parce qu'il a été jusqu'à présent le seul moyen d'équilibre mis à la portée du gouvernement, et parce que le directoire ne paroît pas encore en être tout-à-fait désabusé.

J'explique ces derniers mots. La proclamation du directoire, en date du 9 germinal, est conçue dans les principes les plus sains. Mais ne seroit-il pas possible qu'encouragés par la succession continuelle des réactions, les royalistes ne cherchassent dans quelques termes de cette proclamation, l'espoir d'une réaction nouvelle, et que les anarchistes n'en dénaturassent l'esprit, et n'abusassent des mêmes termes pour seconder l'espérance des royalistes, et calomnier l'intention du directoire ? Certes ! son intention n'est pas de relever les uns pour les opposer aux autres. Mais il faut prendre garde même de laisser concevoir aux partis une confiance et un espoir coupables : ils sont tout prêts à abuser de la plus légère apparence, et ils trouveroient encore des dupes.

Il est très-peu d'hommes qui agissent d'après leurs désirs, s'ils n'y sont conviés par quelqu'espoir de succès. Cela est encore plus vrai pour le mal que pour le bien, parce que difficilement on conçoit, pour le mal, cet enthousiasme qui supplée à la probabilité. Mais on est enclin à espérer ce qu'on désire vivement. Craignez donc de flatter l'espoir de la malveillance. Laissez au temps à corriger les intentions coupables : lui seul le peut. Vous, dont le but est d'empêcher les actions crimi-minelles, prévenez - les en détruisant jusqu'à l'apparence de leur possibilité.

Ces idées simples suffisent pour écarter toute démarche qui sembleroit ramener à l'idée de calculs d'équilibre fondés sur l'action réci-proque des partis.

XIV. Mais que substituer à ce moyen, qui, j'en ai fait l'aveu, est le seul laissé, quant à présent, à la disposition du gouverne-ment ?

Pour répondre à cette question, repor-tons-nous à l'époque de l'institution du di-rectoire.

Les deux tiers conventionnels voyoient dans cette autorité une émanation de la leur, et regardoient leur destinée comme insépa-rable de sa destinée.

Les membres patriotes du nouveau tiers sen-toient, dans leur isolement, la nécessité de se rallier à la seule autorité qui pût soutenir la chose publique, et mettre un terme aux éternelles fluctuation dont la convention avoit été le théâtre.

Ceux dont le cœur receloit des desseins coupables n'essayoient guères de contrarier l'impulsion générale.

L'esprit public étoit bon, parce que le peuple, pressé du besoin d'être gouverné, faisoit céder tout autre désir à celui-là, parce que la crainte de perdre le bien qu'on avoit obtenu, modéroit l'ardeur d'en obtenir promp-tement d'avantage.

Nous nous retrouvons dans une situation semblable.

Le 18 *fructidor* a irrévocablement attaché au sort du directoire le sort des membres qui restent au corps législatif.

Ceux qui y arriveront avec des intentions pures, n'ont de parti à prendre, poursuivis comme ils le seront par la haine des facticux de toute espèce, que de se rallier au gouvernement, que cette même haine honore et environne.

Les perfides, s'il y en a, doivent penser que nous avons appris à nous défier d'eux, sous les drapeaux du terrorisme, comme sous ceux du royalisme ; que le gouvernement, investi d'avance, pour les combattre, de toute la force de l'opinion générale, ne se laissera point prévenir par eux. Ainsi, la crainte pourra les contenir, au défaut du patriotisme.

Enfin, l'esprit public doit, plus que jamais, seconder le gouvernement ; il est temps de lui donner une stabilité qu'il ne puisse plus perdre ; et si deux ans et demi d'existence ne l'ont point fait, songeons que nos dangers sont accrus depuis le *5 brumaire an VI* ; parce que, au sortir d'une révolution, tout mouvement qui n'est point progressif est rétrograde ; tant que la chose publique n'a point acquis plus de consistance, elle en a perdu.

XV. En résumant tout ce qui a été dit, et déduisant les conséquences, on peut espérer de suppléer au défaut d'influence du gouvernement dans la législation, si la législature, secondée par l'esprit public , évite long-temps encore jusqu'aux apparences d'un parti d'opposition :

Si , par une conduite franche et soutenue , elle éloigne tout sujet de défiance qui pourroit forcer le directoire à s'étayer de l'influence d'un parti :

Si , par des mesures fortes et grandes , elle donne au directoire assez de puissance légale, pour lui ôter le besoin d'une puissance *ultralégale.*

Je dis des mesures fortes , et non pas des mesures multipliées : en législation , comme en administration , rien de pire que de toucher sans cesse aux détails. On vexe le citoyen paisible , et le plus souvent sans atteindre le coupable qu'on poursuit. On rend par-là le pouvoir bien plus haïssable à la multitude, que par une grande mesure de sévérité : on supporte celle-ci une fois , et on l'oublie ensuite ; tandis qu'on ne. peut oublier une tracasserie qui se répète tous les jours.

Les petits hommes sont étrangers aux grands moyens; mais ils se sauvent sur la quantité : leur méthode n'eût-elle d'inconvénient que celui de tenir le citoyen dans une incertitude perpétuelle, cette incertitude est insupportable.

Il est peut-être encore un secret pour parvenir au but proposé ; mais, ne pouvant le développer ici, je me contente de l'indiquer sous la forme de problême : « Chercher quel » fléau a été le plus funeste à la chose publique,

» et l'a livrée le plus souvent aux factieux ; et
» quelle mesure générale, irrévocable, peut
» anéantir ce fléau, et terminer la révolution,
» de manière que tous les hommes de parti
» soient mécontens, et que la constitution
» seule triomphe. »

XVI. A ceux que leurs passions, ou l'idée qu'ils se sont faite de certains hommes, empêcheroient de sentir la nécessité de se rallier au gouvernement, je refuserai non-seulement le civisme, mais aussi le bon sens, puisqu'ils immolent et ce qu'ils possèdent encore et eux-mêmes, au regret de ce qu'ils ne peuvent recouvrer, et au ressentiment de l'avoir perdu.

A ceux qu'un enthousiasme de cœur ou d'esprit aveugle sur le besoin général de stabilité et de consistance ; qui ne sont point las de révolutions ; qui semblent craindre le repos et l'obscurité ; qui, au prix d'agitations perpétuelles, voudroient étonner le présent, et vivre dans l'avenir : je rappellerai que la gloire n'est pas le bonheur. L'éclair qui fend la nue, brille, embrâse l'horizon, et n'est plus ; son éclat a ébloui l'homme, sans l'éclairer.

A la législature, au directoire, au peuple, je demande le bonheur du peuple ; je répète que, pour qu'il soit durable, il faut que le directoire ait tous les moyens pour bien gouverner, et le plus grand intérêt à le faire.

On n'a pu s'occuper assez du bonheur du peuple, tant qu'il a fallu, au-dedans et au-dehors, établir notre existence politique. Aujourd'hui, il n'est plus permis de le perdre de vue : les générations futures le recevront comme un bienfait, la génération présente le réclame comme une dette. J'offrirai, pour récompense, à ceux qui le doivent opérer, non les louanges toujours suspectes de leurs contemporains, non le vain bruit de la renommée répété par les échos de l'histoire, mais le témoignage infaillible de leur conscience.

Paris, 16 germinal an VI.

De l'Imprim. de PORTHMANN, Successeur du cit. DESENNE, rue des Moulins, No. 546.

www.ingramcontent.com/pod-product-compliance
Lightning Source LLC
LaVergne TN
LVHW012103030726
842523LV00002B/698